AF461899

LETTRES PATENTES

Accordées par le Roy, pour la Communication des Riuieres de Loyre & de Seyne.

A PARIS,

M. DC. XXXIX.

LOVIS PAR LA GRACE DE DIEV ROY DE FRANCE ET DE NAVARRE; A tous presens & aduenir, Salut. Le deffunct Roy nostre tres-honoré Seigneur & Pere, que Dieu absolue, dans la paix heureusement par luy acquise à ce Royaume, auoit jugé ne pouuoir rien estre fait de plus vtile & aduantageux au public pour le commerce & transport des marchandises & denrées de Prouinces en autres, & particulierement en nostre bonne ville de Paris: Que la communication des riuieres de Seyne & de Loyre par le moyen d'vn Canal nauigable depuis Briare iusques en nostre ville de Montargis; d'où par la riuiere qui y passe, les marchandises peuuent eſtre conduites en noſtredite Ville de Paris; dequoy, non ſeulement elle tirera la commodité d'auoir à bon compte toutes les marchandiſes de nos Prouinces d'Auuergne, Foreſts, Bourbonnois, Niuernois, Berry, & meſmes de Lyon, Prouence, & Dauphiné, cóme auſſi des autres Prouinces par où ladite riuiere de Loyre paſſe iuſques en Bretagne, Mais leſdites Prouinces en receuront auſſi vne notable vtilité, par le moyen de ce qu'elles tireront de noſtredite Ville de Paris, & ſpecialement de l'argent qui en ſortira pour le prix deſdites marchandiſes. CES conſiderations auoient porté noſtredit Seigneur & Pere à faire commencer l'ouurage dudit Canal qui a eſté pourſuiuy pendant quelques années; mais ſon deceds eſtant ſuruenu, & en ſuitte la mort de celuy qui auoit la conduite & direction de cet ouurage: Il a eſté entierement delaiſſé & abandonné, tant par ce que les guerres que nous auons eu à ſouſtenir depuis le commencement de noſtre regne, & que nous auons encore ſur les bras, ne nous ont pas permis de faire la deſpence requiſe pour la continuation & perfection dudit Canal qu'à cauſe que iuſques à preſent l'on a eſtimé impoſſible ou tres-difficile de l'acheuer, & de le fournir de la quantité d'eauë neceſſaire pour la nauigation, à cauſe de la ſituation inegale & montueuſe du païs où il doit paſſer. Et toutesfois Maiſtres Guillaume Bouterouë & Iacques Guyon Receueurs anciens Alternatifs & Triennaux des Aydes & Tailles, & Payeurs des rentes des Eſlections de Baugency & Montargis, s'eſtans appliquez depuis quelques années, ainſi qu'ils nous ont fait entendre, à chercher les moyens d'acheuer ledit Canal, & de le fournir ſuffiſamment d'eauë, Ils ont trouué la choſe poſſible, & ſe ſont offerts à Nous en nostre Conseil, de faire ledit Canal à leurs frais & despens, tant en ce qui reste à creuser & acheuer, qu'en ce qu'il faut reparer à ce qui a esté autrefois commencé; De construire la quantité d'Esceluses necessaires pour faire monter & descendre les batteaux d'vne partie dudit Canal en l'autre: De faire les leuées qu'il faudra de costé & d'autre pour retenir les eauës, & reparer celles qui sont desia faictes: De construire huit ponts sur ledit Canal pour la commodité du passage d'vn costé à l'autre, outre les anciens qui ont esté bastis, lesquels ils feront releuer & iceux mettre en bon & deu estat: D'eslargir ou estressir la riuiere de Loing depuis Montargis iusqu'à son emboucheure en Seyne, pour la facilité & commodite de la nauigation; Curer les endroicts combles qui y sont, & y faire des Esclufes où il en sera besoin; le tout afin que ladite riuiere puisse porter les Batteaux qui nauigeront sur ledit Canal, plus grands que ceux qui sont ordinairement sur ladite riuiere, & que l'on n'ait point la peine de descharger audit Montargis les marchandises qui se voicturreront sur ledit Canal : D'accommoder les chemins & leuées de largeur conuenable depuis Briare iusqu'à l'embouchure de ladite riuiere de Montargis en Seyne pour le passage des cheuaux au tirage desdits Batteaux : Payer le prix de tous les heritages où l'alignement dudit Canal les portera & où il faudra qu'il passe, & des maisons qu'il faudra démolir pour cet effect, comme aussi des lieux où ils feront des estangs & reseruoirs d'eauës pour estre conduites dans ledit Canal, & desdommager tous les proprietaires, sur le fonds desquels ils feront passer leurs aqueducs, où les ruisseaux qui seront conduits audit Canal: Et en fin de rendre ledit Canal nauigable dans quatre années, à compter du iour de la verification de ces presentes où besoin sera.

SÇAVOIR faisons, que sur lesdits offres que nous auons aggreez & aggreons; Et ayant aucunement esgard aux conditions que lesdits Bouteroüe & Guyon nous ont supplié leur accorder, pour executer icelles offres: Nous leur auons par ces presentes signées de nostre main de l'aduis de nostre Conseil & de nostre certaine science, plaine puissance, & authorité Royalle; Seddé, quitté, delaissé & transporté; Ceddons, quittons, delaissons & transportons à eux, leurs hoirs, successeurs, & ayans cause; Le fonds, treffonds dudit Canal, leuées & escluses d'iceluy; leur en auons accordé & faict don, accordons & faisons don, ensemble desdites escluses, leuées, & de tous les ouurages qui ont esté faicts audit Canal, demolitions & materiaux qui en restent, comme aussi de toutes choſes generalement quelconques qui en dependent. Auons reuoqué & reuoquons tous dons que nous en pourrions auoir cy-deuant faicts à quelques perſonnes ou pour quelque cauſe & occaſion que ce ſoit, mettans & ſubrogeans pour ce regard leſdits Bouteroüe & Guyon en noſtre lieu & place, noms, raiſons & actions, ſans nous rien retenir ou reſeruer du fonds & trefonds dudit Canal, leuées & emplacement deſdites Eſcluſes, & de tous leſdits ouurages. Et au cas que ce qui eſt deſia fait audit Canal ſe trouue conſtruit ſur des fonds & heritages qui n'ayent pas eſté payez aux proprietaires d'iceux, leſdits Bouteroüe & Guyon leur en payeront la valeur au dire de gens à ce cognoiſſans, ſans eſtre tenus d'aucuns dommages & intereſts enuers leſdits proprietaires pour le paſſé. VOVLONS & entendons qu'ils puiſſent faire tracer & paſſer ledit Canal par tous les lieux & endroicts qu'ils trouueront à propos, & où leur alignement les portera, & qu'ils prennent à cet effect les heritages qui se rencontreront en leurs alignements, abatent & demolissent les maisons & moulins qui se trouueront nuisibles, en remboursant les proprietaires au dire d'experts & gens à ce cognoissans; Ils ne seront tenus de payer le prix desdits heritages que trois mois apres l'estimation d'iceux, afin qu'ils ne soient inquietez cy-apres par les creanciers d'aucuns proprietaires, lesquels pendant lesdits trois mois s'opposeront si bon leur semble, à la deliurance des deniers, pour y venir par chacun d'eux suiuant leurs hypotecques, pour lesquels trois mois lesdits Bouteroüe & Guyon payeront l'interest du prix d'iceux heritages à raison du denier dix-huict: Et si pendant ledit temps en faisant publier aux sieges & parroisses où lesdits heritages

sont

sont scituez par trois Dimanches consecutifs, qu'ils seront prests de faire le payement d'iceux, ils ne se trouue aucuns opposans à la deliurance des deniers, lors en les deliurant aux possesseurs desdits heritages, lesdits Bouteroué & Guyon en demeureront deschargez enuers tous autres, & pour quelques debtes & hypotecques que ce soit, tout ainsi que si lesdits heritages auoient esté decrettés; Ils prendront telle quantité de terre qu'ils jugeront necessaire à Briare, Montargis, & autres lieux pour faire des maisons, cours fermées & magazins, pour la descharge, conseruation & seureté des marchandises qui seront voicturées sur ledit Canal. Et pour iceluy reparer auec plus de facilité, maintenir & conseruer les leuées, ils pourront encore prendre deux perches de terre de largeur de chacun costé dudit Canal sur toute la longueur d'iceluy, en payant dans le temps & en la maniere ſuſdite. Prendront auſſi tant pres dudit Canal que loing d'iceluy, les terres qu'ils trouueront commodes pour faire des retenuẽs d'eaues & eſtangs, enſemble des eſtangs deſ-ja faicts en payant dans le temps & comme il eſt dit cy-deſſus : Et où il s'en trouueroit dependans de Benefices ou Communautez, les pourrōt auſſi prendre en payant auſdites Communautez le pris deſdictes terres & eſtāgs au dire de gens à ce cognoiſſans; Et ſerōt les ſommes auſquelles ſe trouuera monter le pris deſdits heritages deſdites communautez employées en acquiſitions de terres qui leur tiendrōt lieu deſdits heritages ; iuſques à ce que leſdits deniers ayent eſté employez entierement : Payeront auſdites Communautez l'intereſt au denier dixhuict, qui ſera aſſigné tant ſur le reuenu dudit Canal que ſur les biens deſdits Entrepreneurs. Ils pourront prendre & deſtourner toutes les eaues qu'ils jugerōt neceſſaires pour ledit Canal, ſoit riuieres, fontaines, ruiſſeaux, eſtangs & autres, en deſdommageant par chacun an les Muſniers ou proprietaires des moulins & autres particuliers qui pourroient ſouffrir de la perte à cauſe du deſtournement des eaues ou diminution d'icelles, ſelon qu'il ſera eſtimé par experts, lequel deſdōmagement s'il leur en eſchet, ils ſeront tenus de venir receuoir par chacun an au Bureau qui ſera eſtably pour la recepte du Peage, dont il ſera parlé cy apres. Et où il ſera beſoin de conſtruire des Aqueducs pour faire paſſer les eaues d'vne montagne ou eminence à vne autre, ils le pourrōt faire, ſoit ſur riuieres, prairies, ou autres heritages & chemins, en deſdommageant de meſme ſorte. Et pour cōduire leſdites eaues, tant retenues comme il eſt dit cy-deſſus, que courantes ; pourrōt les faire paſſer par tous les endroicts qu'ils jugeront plus commodes, & on leur alignement les portera en payant aux particuliers la valeur des terres dans le temps, & ainsi qu'il est dit cy deuant: Ils ferót tirer de la pierre, sable, couroy, gazons, & bastir fourneaux à chaux & à brique en tous lieux qu'ils aduiserót, Et generalement se pourront seruir des choses & matieres qu'ils trouuerót sur le lieu propres, tant à la construction dudit Canal & reparations necessaires à ce qui est desia fait, que mesmes à l'aduenir à mesure qu'il y aura des breches: Pourront aussi prendre des terres sur le lieu en desdommageant au dire d'experts. Il leur sera loisible pour faciliter la nauigation d'abatre & rehausser les ponts à Briare, Montargis, & autres lieux; Et seront les ponts qui seront rehaussez, faicts de mesme matiere & meilleure s'il est necessaire, & quant vne arche aura esté abatue, elle sera reedifiée auparauãt qu'on en puisse abatre vne autre. Si lesdicts Bouteroüe & Guyon ne rendent lesdicts ouurages faicts & parfaicts dans les susdites quatre années, ils demeurerót descheus du don que nous leur faisons par ces presentes, estant necessaire d'employer de notables sommes pour creuser & continuer ledit Canal, en ce qui n'est pas encore fait. Reparer les ruynes suruenuës és ouurages faicts ou commencez, & pour mettre à perfection vn tel ouurage, comme aussi pour entretenir ledit Canal, estangs, ruisseaux, reseruoirs d'eauës, aqueducs, leuées, & autres choses par des reparations continuelles: Entretenir nombre d'hómes aux escluses pour les ouurir & fermer, remplir & vuider. NOVS auons pour ces considerations accordé & accordós ausdits Bouteroüe & Guyon, qu'ils perçoiuent, eux, leurs hoirs, successeurs & ayans cause à perpetuité vn Peage sur toutes les marchandises qui seront voicturées sur ledit Canal, & cinq sols pour basteau, bascule ou train de bois à louuerture de chacune des portes des escluses, tât dudit Canal, quede la riuiere de Loing, depuis Montargis iusques à la Seyne, sans que qui que ce soit s'en puisse pretendre exempt. Reuocquans pour ce regard toutes exemptions & priuileges qui auroient esté cy-deuant accordez, soit par nous ou les Roys nos predecesseurs, à quelques Villes, Communautez ou particuliers, soubs couleur de Foire-franche ou autrement pour quelque cause que ce soit. Ledit peage sera leué sur toutes les marchandises ainsi qu'il s'ensuit.

SÇAVOIR, Pour bled froment, seigle, meteil, orge, auoyne, bleds noirs, myl, pois, febues, & generalemét toutes sortes de grains qui seront voicturez sur ledit Canal, sera payé pour chacun muid mesure d'Orleans, deux sols.

Pour toutes sortes de cuirs tannez

pelleterie, suifs, papiers, cires, beures, fromages, marrons, chastaignes, figues, amandes, auelines, capres, oliues, citrons, poncires, limons, oranges, grenades, pommes, poires, raisins, pruneaux, & generalemét toutes sortes de fruicts secs & autres. Pour toutes sortes de fers, plombs, cuiures, estains, quinquailles. Toutes sortes d'estoffes de soye, draps d'or & d'argent, draps, serges, camelots, boures, laynes, cottós, chanvres, toiles, & generalement pour toutes sortes de marchandises en bales, quaisses, pacquets, pots, barils, ou autrement passant sur ledit Canal, bien qu'elles ne soient cy exprimées en destail, sera payé à raison de chacun cent pesant deux sols: Les barils, pots, quaisses & cordages compris

Pour chacun millier d'ardoise de toutes sortes en compte & en nombre douze sols.

Pour boys de fente appellé Merrin ou

Trauersin pour chacũ millier, 20. sols

Pour chaque cent de bottes de lattes carrées à couurir à thuile, à cinquante lattes pour botte, douze sols six deniers.

Pour chacun cent de solliues de deux toises, de cinq à sept poulces, 3. liures.

Et de tout le bois carré à la mesme raison de trois liures au cópte des Marchands à reuenir par supputation.

Pour ais de chesne de douze poulces de largeur & au dessoubs, & vn poulce & demy despois & au dessoubs, ais de sappin & d'autre bois aussi au dessoubs d'vn poulce & demy despois pour chacun cent de thoises, vingt sols.

Pour chacune corde de bois à brusler cinq sols, & le bois appellé Moule à la mesme raison.

Pour peaux de veaux, chevres, cabrons, moutons, brebis, & boucs à raison de dix sols pour chacun cent en nombre.

Pour peaux de bœufs, vaches, & autres beſtes aumailles , huict ſols par douzaine.

Pour chacun cent de carpes & brochets, ſera payé à raiſon de vingt ſols.

Pour chacun cent d'empoiſſonnement appellé penard, ou aleuin , ſera payé trois ſols.

Pour chacune douzaine de verres, bouteilles de verre, toutes ſortes de poterie, vaiſſelle de terre, ſabots, pelles, arçons, boüettes de ſapin, & ſeilles ſix deniers.

Pour chacun poinſſon de vin jauge d'Orleans, ſoit commū ou d'Eſpagne, Muſcat, de Frontignac. Coindrieu & autres : Toutes ſortes d'huyle , cidre, eauë de vie, miel, vinaigre , verjus, & de toutes autres liqueurs, ſera payé ſix ſols : Et pour les Pipes & autres vaiſſeaux, à proportion.

Pour le poinſſon de Cendre, & terre à charbon, huict ſols.

Pour les Harans, Moruës & autres

tels poiſſons, ſera payé à raiſon de deux ſols pour cent peſant, barils & pipes compris.

Lequel Peage & cinq ſols pour batteau, baſcule, ou train de boys, ſeront payez par les Marchands à qui les marchandiſes appartiendront, ſans que de chacun Train de boys il ſoit payé plus de cinq ſols à l'ouuerture de chacune porte d'Eſcluſes, encores qu'iceux Trains euſſent trente thoiſes de longueur, Ny plus de deux ſols ſix deniers à l'ouuerture de chacune deſdites portes, pour baſcule ou boutique à poiſsó, n'ayans que ſept toiſes de longueur. NOVS leur auons accordé & accordons, en conſideration de l'importance de l'ouurage qu'ils entreprennent; & afin que le public en reçoiue d'autant plus d'vtilité, & que le tranſport des marchandiſes par ledit Canal ne ſoit interrompu par aucunes nouuelles impoſitions. QVE Nous ny les Roys nos successeurs, ne pourront imposer cy apres aucuns peages ny droits quelconques sur les marchandises qui seront voicturées sur ledit Canal, soit à l'entrée ou à la sortie d'iceluy, & ne payeront autre peage ou droicts sur les Riuieres de Loyre, Loing, & Seyne, que ceux qui se leuent sur les autres marchandises.

COMME ledit Canal appartiendra ausdits Bouteroüe & Guyon en proprieté, Autres ne pourront nauiger & voicturer des marchandises sur iceluy, que ceux qu'ils auront establis pour cet effet; Ils mettront donc nombre suffisant de batteaux & de Voicturiers sur ledit Canal, pour voicturer lesdites marchandises, & de flotteurs pour mener les trains de bois, bascule & poisson, & tout ce qui sera conduit sur ledit Canal.

MAIS d'autant que lesdits Bouteroüe & Guyon voudroient, peut-estre, tirer ſi grand prix pour la voicture deſdites marchandiſes, cóme ils auroient droict de le prendre, tel qu'ils aduiſeroient, ledit Canal eſtant à eux en proprieté, que le public n'en receuroit pas grand ſoulagement. NOVS voulons & entendons que leſdits Bouterouë & Guyon prennent ſeulement pour droict de voicture deſdites marchandiſes, ce qui enſuit.

SCAVOIR,

POVR chacun poinſſon de vin à la jauge d'Orleans, quarante-cinq ſols.

POVR chacun millier d'ardoiſe en compte & nombre ; Sçauoir de celle qui s'employe d'ordinaire à Paris, appellee carree, ſoixante ſols. Et de celle appellée Rouſſenoire, attendu que le millier en poiſe deux de ladite ardoiſe carrée ſix liures pour millier, & des autres ſortes d'ardoiſe, à proportion.

POVR chacun cent peſant de toutes autres ſortes de marchandiſes, dix ſols, à la reſerue de la vaiſſelle de fayance, bouteilles, & verres, poteries, vaiſſelles de terre, boëttes de ſapin, & autres marchandiſes qui encombrent, pour leſquelles ſera payé douze ſols ſix deniers pour cent peſant.

POVR chacune corde de bois flotté par eſchayau ou en train, quatre liures dix ſols.

POVR chacun cent de toiſes d'ais d'vn pouce & demy d'eſpois, & dix poulces de large, quatre liures dix ſols.

POVR chacun cent de toiſes d'ais au deſſous d'vn poulce d'eſpois, ſoit de cheſne, ſapin, ou autre bois, quatre liures.

POVR chacun cent de ſoliues de deux toiſes de cinq à ſept poulces, vingt deux liures dix ſols.

ET de tout le bois d'eſcariſſage à la meſme raiſon de vingt-deux liures dix ſols, & du cent de ſoliues au compte des

Marchands, à retenir par supputation.

POVR chacun cent de Carpes ou Brochets au dessous d'vn pied, sept liures.

POVR le cent de Carpes d'vn pied & au dessus, dix liures.

POVR le cent de Brochets de douze poulces iusquesà quinze, douze liures.

POVR le cent de Brochets de quinze poulces iusques à dix-huict, vingt-quatre liures.

ET pour le cent de ceux de dix-huict poulces & au dessus, quarante-huict liures.

DEFFENDONS tres-expressément ausdits Bouteroüe & Guyon, de rien prendre dauantage sur lesdites marchandises, que ledit peage, droicts d'escluses, & de voictures selon & ainsi qu'ils sont specifiez cy dessus. VOVLONS & Nous plaist que moyennant lesdits droicts de voicture qui leur seront payez à la raiſon ſuſdite, ils ſoient tenus de faire conduire les marchandiſes depuis Briare iuſques à Paris, ſans qu'il ſoit rien diminué deſdits droits de voicture pour les marchādiſes que les Marchands voudroient faire deſcharger par les chemins; Comme auſſi ne pourront leſdits Bouterouë & Guyon prendre plus grand droict pour celles qui ſeront données aux Voicturiers par eux commis pour les monter de Paris à Briare. Novs leur auons accordé & accordons de pouuoir eſtablir ſur ledit Canal vn ou pluſieurs baſteaux qui partiront vn des iours de chacune ſepmaine de Briare, pour conduire & voicturer des perſonnes iuſques à Paris, & de Paris iuſques à Briare; Comme auſſi és Villes qui ſont entre Briare & Paris, dont ils perceuront l'émolument prouenant de la voicture deſdites perſonnes. Novs voulons ledit Canal en toute ſon eſtenduë, fonds, & trefonds d'iceluy eſtre affranchy, comme par ces presentes Nous l'affranchiſſons & exemptons, enſemble les leuées, eſcluſes & fonds d'icelles, deux perches de terre des deux coſtez dudit Canal, maiſons & lieux à faire magazins à Montargis Briare, ou prés deſdites Villes, Eſtangs, Reſeruoirs, Ruiſſeaux, Canaux, Aqueducs, & toutes les terres & heritages que leſdits Bouteroüe & Guyon acquerreront pour conſtruire ſur icelles leſdits ouurages, ſeruans à la perfection dudit Canal, & tout ce qui en dependra; de la mouuance, cenſiue, & Iuſtice de quelques Seigneurs que ce ſoit, en les deſdommageant s'il y eſchet deſdommagement; Pour de tout ledit Canal en toute ſon eſtenduë, fonds & trefonds d'iceluy, & de tous leſdits ouurages; enſemble deſdits peages & droicts ſus ſpecifiez, iouyr doreſnauant par leſdits Bouteroüe & Guyon, leurs hoirs, ſucceſſeurs & ayans

cauſe,

cauſe, & les poſſeder à touſiours en plaine proprieté, & le tout tenir de Nous en fief de Franc-aleu purement & ſimplement ; Comme auſſi pour éuiter les conteſtations qui pourroient naiſtre à cauſe de la diuerſité des couſtumes des lieux où leſdits Canal & trefonds des ouurages ſuſdits ſe trouueront ſituez. Novs voulons que le tout ſoit regy & gouuerné ſuiuant & au deſir de la Couſtume de la Preuoſté & Vicomté de Paris, & que tous leſdits heritages, peages & droicts, ſoient cenſez & reputez comme eſtans de ladite Couſtume, & partagez ſuiuant icelle, dérogeant pour ce regard à toutes les autres Couſtumes. Novs leur auons de plus accordé & accordons toute haute Iuſtice, moyenne, & baſſe, ſur toute l'eſtenduë dudit Canal, bords, leuées, deux perches de terre de chacun coſté d'iceluy en toute ſa longueur & eſtenduë, eſcluſes, maiſons, eſtangs, Ruiſſeaux, lieux à faire magazins, & autres heritages dependans desdits ouurages, tant en matiere ciuille que criminelle & mixte, le tout affranchy, exempt & descharge, comme dit est, de la mouuance censiue & Iustice de quelque Seigneur & Iustice que ce soit; en sorte que lad. Iustice, haute, moyenne & basse, suiura en tout & par tout la nature du fief de Franc-aleu pur & simple, en desdommageant aussi s'il y eschet desdommagement.

Povr administrer ladite Iustice, ils pourront establir en la Ville de Briare, ou tel autre lieu qu'ils aduiseront, vn Iuge, vn Lieutenant, vn Procureur de Seigneurie, & autres Officiers pour connoistre & iuger en premiere instance de tous differends qui pourroient naistre tant en matiere ciuille criminelle que mixte, soit pour les degradations & delits qui pourroiét estre commis en tous lesdits ouurages, que de tous differends, à raison de la nauigation & perception de droicts; lesquels Iuges & Lieutenant pourront iuger par prouision, nonobstant & à la charge de l'appel iusques à la somme de vingt liures, & les appellations de ladite Iustice seront releuées directement en nostre Hostel de Ville de Paris, & non ailleurs. Leur auons permis & permettons de commettre & establir douze personnes pour Gardes dudit Canal, estangs, riuieres, ruisseaux, dont ils se seruiront, Aqueducs & autres ouurages, & pour auoir l'œil à la conseruation de tous lesdits ouurages, & aux reparations qu'il y conuiendra faire iournellement: Lesquels Gardes pourront exploicter, & mesmes mettre à execution, tous Mandements, Ordonnances, Sentences, Iugements, & Arrests concernant ladite nauigation, conseruation desdits ouurages, circonstances & dependances. Nous auons attribué & attribuons la connoissance de tous procez & differends qui pourroient naiſtre en execu-tion de ces preſentes à noſtre Cour de Parlement de Paris, en premiere inſtance & dernier reſſort, l'auons interdicte & interdiſons à tous autres Iuges quelconques, à peine de nullité des procedures, deſpens, dommages & intereſts, & de deux mil liures d'amende aux parties qui procederont ailleurs. VOVLONS que nonobſtant tous procez & differends qui pourroient eſtre intentez contre leſdits Bourerouë & Guyon, empeſchements, oppoſitions, ou appellations quelconques, ils trauaillent ſans diſcontinuation à la perfection dudit Canal. NOVS leur auons permis & permettons en tant que beſoin eſt ou ſeroit, d'aſſocier auec eux des perſonnes de toutes qualitez & conditions, Eccleſiaſtiques, Gentilshommes, & Officiers de nos Cours de Parlement, Chambre des Comptes, & autres, pour contribuer à la conſtruction dudit Canal &

perfection de tous lesdits ouurages, & iouyr aussi de tout ce que dessus, eux, leurs hoirs, successeurs, & ayans cause, à perpetuité, ainsi que lesdits Bouteroüe & Guyon, sans qu'il leur puisse estre imputé de déroger à leurs qualitez & naissances; & mettant en consideration le seruice que lesdits Bouteroüe & Guyon rendront au public, faisant reüssir vn dessein si vtile à nostre bonne Ville de Paris & plusieurs Prouinces de ce Royaume. NOVS les auons annoblis & annoblissons, Voulons qu'eux & leurs enfans nais & à naistre iouyssent de tous priuileges de Noblesse; Et declarons en outre que pour leur donner moyen de vacquer d'autant plus facilement à la conduite de l'ouurage dudit Canal, sans estre diuertis par les contrainctes qui pourroient estre exercées contr'eux pour le payement des taxes qui seroient faictes sur leurs Offices de Receueurs des Aydes & Tailles,

& payeurs des rentes des Eslections de Baugency & Montargis, que nostre intention est qu'ils soient & demeurent deschargez, comme par ces presentes Nous les deschargeons de toutes taxes que l'on pourroit faire cy-apres sur leursdits Offices ou personnes, soit pour recherches, prests, emprunts, subsistances, attribution de gages, taxations & droicts supplément d'iceux, ou autrement; Et en cas de suppression ou reduction de droicts attribuez ausdits Offices en tout ou partie, qu'ils en seront aussi exempts; Continueront leur exercice & iouyront à l'aduenir de pareille somme par chacun an que celle à laquelle se montent leurs gages & droicts en la presente année. Leur accordons aussi la suruiuance desdits Offices, lesquels ils pourront resigner sans payer aucun quart ou huictieme denier: Comme aussi Nous voulons que leurs resignataires pour vne fois seulement iouyssent d'iceux Offices, auec semblables exemptions de taxes, prests, emprunts, & autres priuileges; le tout apres qu'ils auront rendu quatre lieuës de longueur dudit Canal en si bon estat qu'il puisse porter de grands basteaux chargez de marchandises, & non plustost. Et si dans lesdites quatre années ils ne rendent ledit Canal nauigable de Loyre en Seyne, ils seront décheus de tous lesdits priuileges, exemptions, & contraints de financer les sommes ausquelles leursdites Offices auront esté taxez, lesquelles demeureront specialement affectez & hypotecquez au payement d'icelles. SI DONNONS en mandement à nos Amez & Feaux Conseillers les Gens tenans nostre Cour de Parlement, Chambre des Comptes, Cour des Aydes à Paris, Tresoriers generaux de France au bureau de nos Finances de Paris & Orleans; Que ces presentes ils ayent à verifier & registrer purement & ſimplement, ſans aucune reſtrinction ny modification, & de tous le cõtenu en icelles faire ſouffrir & laiſſer iouyr leſdits Bouteroüe & Guyon, leurs hoirs, ſucceſſeurs & ayans cauſe à perpetuité, faiſant ceſſer tous troubles & empeſchemens au contraire. CAR tel eſt noſtre plaiſir, nonobſtant tous Edicts, Arreſts, Couſtumes, & autres choſes à ce contraires, auſquelles Nous auons dérogé & dérogeons par ces preſentes, & aux dérogatoires des dérogatoires y contenuës; ſauf en autre choſe noſtre droict, & l'autruy en toutes: Et afin que ce ſoit choſe ferme & ſtable à touſiours, Nous auõs fait mettre noſtre ſcel à ceſdites preſentes. DONNE' à S. Germain en Laye au mois de Septẽbre l'An de grace 1638. & de noſtre regne le vingt-neufiéme, ſigné LOVIS, & plus bas par le Roy, DE LOMENIE: & à coſté Viſa. Et ſcellé du grand ſceau en cire verte ſur lacs de ſoye.

EXTRAICT DES REGISTRES de Parlement.

EV PAR LA COVR les Lettres patentes données à S. Germain en Laye au mois de Septembre mil six cens trente-huict, Signées LOVIS; Et plus bas, Par le Roy, DE LOMENIE, Et seellées en lacs de soye du grand sceau de cire verte : Par lesquelles & pour les causes y contenuës, ledit Seigneur agrée les offres faictes par Maistre Guillaume Boutheroüe & Iacques Guyon, Receueurs Antiens, Alternatifs & Triennaux des Aydes & Tailles, & Payeurs des rentes des Eslections de Baugency & Montargis : Et ce faisant iceluy Seigneur, leur cedde, quitte, delaisse & transporte le fonds & tresfonds du Canal, depuis Briare iusques en ladite ville de Montargis, Leuées & Escluses d'iceluy. Leur en accordant & faisant Don : Ensemble desdictes Escluses & Leuées, & de tous les ouurages qui ont esté faicts audit Canal, demolitions & materiaux qui en restent, & de toutes choses generalement quelconques qui en dependent : Reuoquant à ceste fin tous autres Dons qui en pourroient auoir esté faicts : Mettant & subrogeant pour ce regard lesdits Boutheroüe & Guyon au lieu & place, noms, raisons & actions de sa Majesté : Voulant qu'ils puissent faire passer ledit Canal par tous les lieux & endroicts qu'ils trouueront à propos, & qu'ils prennent à cest effect les heritages qui se trouueront en leurs allignemens ; Abattent & demolissent les Maisons & Moulins qui se trouueront nuisibles, remboursant les proprietaires au dire d'Experts & gens à ce cognoissant. Prendre telle quantité de terre qu'ils jugeront necessaire à Briare,

Montargis & autres lieux, pour faire des maisons, courts fermées, & magazins pour la descharge, seureté & conserua-tion des Marchandises qui seront voi-cturées sur ledit Canal. Pourront en-cores prendre deux perches de terre de largeur de chacun costé dudit Canal sur toute la longueur d'iceluy, en les payant comme dessus. Prendront pareillement tant pres dudit Canal que loin d'iceluy, les terres qui se trouueront commodes pour faire des retenuës d'eauës & estãgs, Ensemble des estangs ja faicts les payant aussi comme dessus. Feront tirer de la pierre, sable, courroy, & gazons, Bastir fourneaux à chaux & à brique en tous lieux qu'ils aduiseront. Leur permet d'abattre & rehauser les Ponts à Briare & Montargis, & autres lieux, pour rendre ledit Canal parfaict dans quatre années. Pourront prendre vn peage à perpetuité sur toutes les Mar-chandises qui seront voicturées sur ledit

Canal, comme il est specifié par lesdites Lettres. Comme aussi ledit Seigneur Roy leur accorde toute Iustice, haute, moyenne & basse sur toute l'estenduë dudit Canal, tant en matiere Ciuille, Criminelle, que mixte, ainsi qu'il est plus au long porté par lesdites Lettres. REQVESTE desdits Boutheroüe & Guyon à fin de verification; Arrest du dernier Ianuier dernier, par lequel auant proceder à la verification desdites Lettres, auroit esté ordonné qu'elles seroient communiquées aux Preuost des Marchands & Escheuins de cette Ville, pour donner aduis sur le contenu d'icelles, & dire ce que bon leur sembleroit, & ce faict & rapporté communique audit Procureur General du Roy estre ordonné ce qu'il appartiendroit. L'aduis desdits Preuost des Marchands & Escheuins du dix-sept Feurier dernier. Conclusions dudit Procureur General: Tout Consideré. LADITE COVR a ordonné & ordonne que lesdites Lettres seront registrées au Greffe d'icelle pour joüir par les impetrans de l'effect y contenu; A la charge que le Iuge accordé ausdits Entrepreneurs sera Gradué & tenu se faire receuoir pardeuant le Bailly de Montargis ou son Lieutenant. Que son Siege ordinaire sera en la ville d'Ouzoüer sur Trezée : Les appellations duquel, tant en matiere Ciuille que Criminelle, ressortiront en ladite Cour en la grand Chambre, & non ailleurs. Que ledit Iuge n'aura Iurisdiction sur la riuiere de Loing au dessoubs de Montargis ; La nauigation de laquelle riuiere sera libre à toutes personnes comme il estoit accoustumé, sans que sur icelle soit pris aucun droict, sinon que lesdits Entrepreneurs y fassent Ecluses pour la commodité publique, auquel cas seulement ils prendront le droict de cinq sols, à l'ouuerture de chacunes portes d'Ecluses. Qu'ils ne pourront prendre pour chacun Magazin que cinq arpens au plus, qui ne seront esloignez que de dix perches du bord du Canal, ny prendre aucunes autres terres & estangs pour faire leurs reseruoirs des eauës, que celles qui peuuent seruir à la conduite desdites eauës dans ledit Canal, dont ils bailleront declaration pardeuant le Conseiller Rapporteur du present Arrest : A la charge que lesdicts Entrepreneurs ne prendront aucune chose pour sejour & garde de toutes sortes de marchandises qui seront apportées & deposées esdits Magazins, & de tout ce qui se passera sur les Ponts qui seront construicts sur ledit Canal, & que les droicts à eux attribuez & taxez ne seront augmentez pour quelque cause & occasion que ce soit. A cette fin sera mise & attachée à vn Poteau vne Pancharte sur les Ports dudit Canal contenant ladite taxe ; Laquelle Pancharte sera signée du Greffier de ladite Cour. Et pour l'execution du present Arrest, circonstances & dependances, a commis & commet ledit Conseiller Rapporteur: Ordonne que ce qui sera par luy faict & ordonné sera executé nonobstant oppositions ou appellatiós quelconques faictes & à faire, & sans prejudice d'icelles. FAICT en Parlement le quinziesme Auril mil six cens ttente-neuf. Signé, DV TILLET.

Verifié & Registré en la Chambre des Comptes, suiuant l'Arrest du deuxiesme iour de Decembre 1639.

Collationné aux Originaux par moy Conseiller Secretaire du Roy & de ses Finances.